Mes jolies princesses historiques

AUZOU

Illustration de couverture : Carole Gourrat

Direction générale : Gauthier Auzou
Responsable éditoriale : Maya Saenz
Conception et création graphique : Annaïs Tassone
Directeur fabrication : Jean-Christophe Collett
Fabrication : Amandine Durel

Dépôt légal : octobre 2012
ISBN : 978-2-7338-2170-1
Réf. : C12872D

Imprimé en Chine

Mes jolies princesses historiques

AUZOU

Sommaire

Belle Marianne

Robin de Locksley était de retour ! Son ami d'enfance, son fiancé de toujours, était revenu des croisades ! Le cœur de la belle Marianne se gonflait de joie. Elle ne se lassait pas d'interroger sa suivante, dame Gertrude, qui venait de lui apprendre la formidable nouvelle. Et non seulement Robin était à nouveau parmi eux, mais le prince Jean, l'infâme usurpateur du trône du roi Richard Cœur de Lion, tremblait sous sa couronne rien qu'à entendre son nom. Car Robin prenait la défense des faibles et des opprimés ! Il rendait au peuple l'argent des impôts prélevés injustement ! Désormais, Robin de Locksley était Robin des Bois, un hors-la-loi que les résistants étaient de plus en plus nombreux à rejoindre...

Sans écouter dame Gertrude qui la suppliait d'être prudente, Marianne se précipita dans la forêt. Pour une fois, elle n'entendit pas le chant des rossignols, ne savoura pas la caresse de la brise sur sa peau, ne sentit pas le parfum des jonquilles, n'admira pas la finesse des toiles d'araignées où la rosée déposait des milliers de petites gouttelettes dorées.

Les questions se bousculaient dans sa tête : Robin l'aimait-il encore ? Est-ce qu'un amour d'enfance peut survivre à une si longue séparation ? Se souviendrait-il seulement d'elle ? Tant de damoiselles étaient charmées par le beau hors-la-loi...
Et Marianne marchait droit devant elle, comme si Robin l'attendait. Elle ne se trompait pas ! Robin la guettait, en effet, depuis que ses compagnons d'armes l'avaient vue sortir du château...
Soudain, la jeune femme poussa un cri : deux mains venaient de lui recouvrir les yeux par derrière !
— Robin !
Elle se retourna avec tant de fougue qu'ils tombèrent à terre tous deux. Robin riait aux éclats. Mais, devenant soudain sérieux :
— Marianne, ma mie, je vous aime encore plus que ma vie ! Et aussi... j'ai besoin de votre aide !

Un instant plus tard, Marianne galopait à califourchon derrière Robin. Ils parvinrent peu après au village de Clun, dont les habitants étaient condamnés à mourir de faim parce que le shérif empêchait toute nourriture d'entrer. En voyant la nièce du roi Richard, les gardes du shérif n'osèrent les empêcher de passer. Les compagnons de Robin sortirent alors des bosquets et les suivirent, les bras chargés de paniers de victuailles. Quelle joie pour Robin de voir ses amis festoyer !

— Merci, gente dame. M'accompagnerez-vous un bout de chemin ?

En guise de réponse, Marianne glissa sa main dans celle du hors-la loi. La courageuse jeune femme savait qu'elle était désormais entrée dans la résistance. Elle était décidée à suivre Robin jusqu'au bout...

Arwen

Il y a de cela très longtemps, la plupart des forêts étaient habitées par des elfes. Ces êtres étaient magnifiques et immortels. Ils appréciaient tout particulièrement les forêts de mallornes, des arbres aux feuilles dorées. Les elfes bâtissaient, parmi les branches, de nombreuses habitations accessibles grâce à des échelles aux reflets argentés. Ils se déplaçaient silencieusement, si bien qu'un passant distrait pouvait traverser les bois sans voir ce peuple vivant à la cime des arbres. Les elfes vivaient en harmonie avec la nature qui les entourait.

Arwen était une semi-elfe et vivait dans la Cité des arbres, un endroit merveilleux. Sa longue chevelure brune était tressée et recouverte d'un voile de dentelle d'argent parsemé de cristaux scintillants.
On disait que dans ses yeux gris brillait la lumière des étoiles. C'est pourquoi elle avait été surnommée Undomiel, qui signifie « étoile du soir » en langage elfique.

Sa peau pâle avait de légers reflets nacrés et faisait penser à celle de Blanche-Neige. Aucun homme ne pouvait rester insensible à son charme.

Tout comme les autres semi-elfes, issus de l'union entre un elfe et un humain, Arwen allait devoir choisir plus tard entre la vie éternelle des elfes ou l'abandon de son immortalité en vivant parmi les humains.

Un jour, alors qu'Arwen nattait ses longs cheveux, des étrangers furent accueillis dans la Cité des arbres. Parmi eux se trouvait Aragorn : un homme de grande taille, fin et très élégant.

Il portait sur son pourpoint une pierre magique offerte par la reine des Elfes. Cette pierre vert clair était montée sur une broche d'argent représentant un aigle aux ailes déployées, et portait le nom d'Elessar. Ce cadeau symbolique avait une grande valeur aux yeux des elfes et cela prouvait le courage d'Aragorn, qui était l'un des meilleurs guerriers humains de l'époque.

Au premier regard échangé, Arwen sut qu'Aragorn serait l'homme de sa vie. Et pourtant, tout les opposait : Arwen était immortelle et Aragorn était un simple être humain. Afin de vivre auprès de lui, la semi-elfe dut renoncer à la vie éternelle. C'était le prix à payer pour se marier avec son bien-aimé humain.
La belle Arwen ne le regretta pas. Arwen et Aragorn s'aimèrent tendrement et vécurent heureux. Ils régnèrent ensemble pendant plus de cent ans et établirent la paix dans le royaume des Elfes et des Hommes. De leur union naquirent un fils et de nombreuses filles, qui les comblèrent de bonheur.

Guenièvre

Choyée par son père, le chevalier Leodagand, Guenièvre était, selon la légende, la plus belle jeune fille de tout le royaume. Son teint de porcelaine lui avait valu son prénom de Guenièvre, qui signifie « la fée blanche ». Sa longue et épaisse chevelure brune tombait en cascade dans son dos, renforçant la pureté de son grain de peau. Elle savait souligner à merveille sa taille fine, et son regard charmait ses nombreux prétendants.

Malheureusement, lors de sa seizième année, le château de son père fut assiégé par les Saxons. La défaite était proche lorsque Guenièvre, du haut de sa tour, cria :

– Père ! Des renforts arrivent !

Elle assista au déroulement de la bataille, cachée derrière une fenêtre. Un combattant en particulier retint son attention. Il luttait avec fougue et repoussait un à un ses adversaires. Guenièvre ne quittait pas des yeux le vaillant chevalier.

Lorsque celui-ci reçut un coup d'épée à la joue, la jeune fille crut qu'elle allait défaillir.
– Oh non... gémit-elle.
Le chevalier, malgré sa blessure, reprit aussitôt le combat avec encore plus d'acharnement.
Les Saxons furent vaincus juste avant le coucher du soleil. Pour remercier ses sauveurs, le chevalier Leodagand fit préparer un grand banquet en leur honneur. Pendant ce temps, Guenièvre soigna les blessures des combattants.
Elle reconnut tout de suite le courageux jeune homme et lui nettoya délicatement sa plaie à la joue.
Celui-ci n'était autre que le roi Arthur. Lorsqu'il posa ses yeux sur le visage de Guenièvre, le coup de foudre fut instantané. Il prit la main de la jeune fille et la porta à ses lèvres. Les joues de Guenièvre s'empourprèrent aussitôt.

Lors du repas, le roi Arthur ne quitta pas du regard Guenièvre. Le chevalier Leodagand surprit leurs échanges muets. Il proposa alors au roi de rester quelques jours au château afin qu'il se repose. Arthur accepta sans hésiter. Il pouvait ainsi rester auprès de la douce et tendre Guenièvre. Chaque jour, ils se promenèrent dans le parc, main dans la main. La veille de son départ, Arthur fit sa demande en mariage. Le chevalier Leodagand accepta avec joie : il allait marier sa fille au roi ! Aucun père ne pouvait rêver mieux pour son unique enfant. Guenièvre était la plus heureuse : elle allait épouser l'élu de son cœur et aussi devenir reine !
Leur mariage eut lieu quelques mois plus tard dans le château du roi Arthur. Il fut splendide et féérique : à partir de ce jour, Guenièvre et Arthur formèrent un couple royal très envié.

Marie-Antoinette

En ce beau mois de mai 1770, Marie-Antoinette arriva toute blonde et menue à Versailles, après avoir quitté son Autriche natale pour toujours. Sa mère, l'archiduchesse d'Autriche, l'obligeait à se marier avec le fils du roi de France pour de mystérieuses raisons politiques. La future reine n'avait encore que 14 ans et ne pensait qu'à s'amuser...
Évidemment, on ne pouvait pas jouer à cache-cache ou à chat perché dans la galerie des Glaces du château de Versailles !
On imposa donc à la jeune princesse une dame d'honneur, Mme de Noailles, qui devait la suivre partout pour lui enseigner l'« étiquette », c'est-à-dire les bonnes manières. Un jour qu'elle était tombée d'un âne, l'espiègle jeune fille déplora l'absence de « Mme Étiquette », qui aurait pu lui enseigner la bonne manière de tomber d'un âne, sans doute autrement que sur son derrière...

Mme de Noailles avait fort à faire avec cette future reine qui jouait même avec les enfants de ses servantes ! La jeune fille avait beaucoup de mal à s'habituer au cérémonial français, qui manquait un peu d'intimité : elle devait s'habiller devant les dames de la cour et tout Versailles assistait à son dîner !

Sa vie était tellement stricte et réglée que la future reine s'enfuyait dès qu'elle le pouvait au Petit Trianon. Là, enfin, plus d'« étiquette » ! Ses amis n'étaient pas obligés de se lever quand elle entrait dans une pièce, elle jouait des rôles de servante dans son petit théâtre et il lui arrivait aussi de tenir une buvette, déguisée en limonadière. Elle avait même fait construire un village miniature avec des animaux pour jouer à la fermière !

Puis, le roi mourut et, à 20 ans, Louis XVI monta sur le trône. Devenue reine à 19 ans, Marie-Antoinette organisa des fêtes somptueuses, remit à l'honneur les grands bals et dépensa des fortunes dans ses toilettes. Au début, le peuple adorait cette jeune fille gaie et gracieuse, puis le vent tourna. Trop de fêtes, trop de dépenses. On l'accusa d'être responsable des famines ! On était en 1789, la révolution grondait.

Le 16 octobre 1793, à midi, sur la place même où son mari avait été guillotiné dix mois plus tôt, la reine, âgée de 38 ans, fut conduite à l'échafaud. Marie-Antoinette, qui avait beaucoup souffert d'être séparée de ses enfants, montra un courage et une dignité exemplaires, et, jusqu'au bout, elle observa l'étiquette : on raconte en effet que, ayant marché malencontreusement sur le pied du bourreau, elle s'excusa poliment.

Sissi

La duchesse Élisabeth de Wittelsbach était plus connue sous le surnom de Sissi. Elle vivait avec ses parents et ses frères et sœurs en Bavière. Dès son plus jeune âge, la duchesse se passionna pour la poésie et l'équitation. Elle passait ses vacances au château de Possenhofen, près d'un magnifique lac, occupant la plupart de ses journées à chevaucher à travers bois et vallées. Sissi était une des meilleures cavalières d'Allemagne, voire une des plus intrépides. Elle aimait faire de longues promenades, montant son cheval en amazone. La jeune duchesse n'aimait pas les contraintes liées à son rang dans la société, préférant s'amuser et jouer à longueur de journée avec ses frères et sœurs. Sa sœur aînée, Hélène, devait se fiancer avec le jeune empereur François-Joseph d'Autriche. Il s'agissait d'un mariage arrangé. Hélène avait été choisie non pas pour ses qualités, mais, tout simplement, parce qu'elle était, comme Sissi, duchesse de Bavière.

Les fiançailles étaient prévues à l'occasion de l'anniversaire du jeune homme, dans son palais en Autriche. Hélène était inquiète, puisqu'elle ne connaissait pas son futur époux... Afin de lui tenir compagnie et de la rassurer, Sissi proposa de se joindre à elle. C'est ainsi qu'Elisabeth, alors âgée de quinze ans, partit en Autriche avec Hélène et leur mère. Quand les deux jeunes filles arrivèrent à la résidence impériale, le jeune François-Joseph ne vit que Sissi. Il fut tout de suite fasciné par sa beauté.

Elle avait de longs cheveux épais qui lui tombaient en cascade ondulée dans le dos. Sa taille extrêmement fine était mise en valeur par un splendide corset en dentelle. Elle semblait si fragile qu'on avait envie de la protéger. Malgré l'embarras de Sissi, François-Joseph ne la quittait pas des yeux, délaissant la pauvre Hélène. Pendant le banquet, le jeune empereur discuta longuement avec Sissi, voulant en apprendre davantage sur elle. Le lendemain, Sissi partit en promenade à cheval, voulant ainsi laisser Hélène seule avec son futur époux. Mais à son retour, elle tomba nez à nez avec François-Joseph. Celui-ci n'avait encore jamais vu une cavalière aussi élégante et distinguée. Il n'eut aucun doute : il voulait épouser la duchesse Élisabeth, et non sa sœur aînée. Il annonça dès le lendemain son intention. Hélène était très déçue, mais elle n'en voulut aucunement à sa petite sœur. Le mariage eut lieu un an plus tard à Vienne, au cours duquel ils formèrent un magnifique couple impérial. Ils vécurent heureux entourés de leurs quatre enfants.